기다리는 류에게

이리영 시집

시인동네 시인선 258　　　　　　　　　이리영 시집

기다리는 류에게

시인동네

시인의 말

내가 기르던 것은 모두
바닥에 떨어진다.

바닥이 아름다워지는 일

우리 사이로
빛이 무수히 도착한다.

2025년 8월
이리영

차례

시인의 말

제1부

망토 · 13

어항 · 14

푸른 셔츠 · 16

가방들 · 18

손톱 · 20

달아난 사슴 · 22

사랑의 도그마 · 24

건조주의보 · 25

하드보일드 · 26

물고기자리 · 28

덤불 · 30

두 번 · 32

첫사랑 · 34

우리의 르완다 · 36

계단과 목도리 · 38

밤 · 40

기다리는 류에게 · 41

환생 · 44

제2부

피리 · 47

조력자 · 48

한파 · 50

휴양지 · 52

흰 티셔츠 · 54

부서지는 집 · 56

옷장 · 58

얼룩말 사이에 있습니다 · 60

이곳이 밤이었을 때 · 62

시네마테크 · 64

엄마와 열기구 · 66

메리고라운드 · 68

정지 화면 · 70

빈집 · 72

홈리스 · 74

난간에 앉은 사람 · 78

세미나실 · 80

제3부

덩굴기계 · 85

가만한 세계 · 86

검은 원피스 · 88

종말론 · 90

욕조 · 92

좀 전까지 불꽃이 피어올랐다 · 94

도끼 · 96

사라지는 가계 · 98

피뢰침 · 100

블라인드 · 102

유리 포말 · 104

돔 · 105

일기 · 106

유리창의 세계 · 108

얼룩 · 110

해설 악몽의 바깥으로 · 111
    고봉준(문학평론가)

제1부

망토

아무도 모른다고 했다. 나의 행방, 나의 종교, 나의 식성.

무엇이 문제일까. 답변이 길어지고 있다. 소화에 전념하던 대장이 대장을 벗어나려 할 때. 눈동자가 사라지는 윙크가 반복될 때. 감정이 들끓는다. 쫓기는 토끼의 두 귀처럼.

두려운 등을 감싸기 위해 얼마나 많은 천이 필요했을까.

나는 나의 예법을 지키고 싶다. 악기로든 망치로든. 때론 기다란 두 귀를 한 손에 쥐고 들어 올려야 보이는 진심이 있다고. 거기에 전류가 흐르기 시작하면. 손톱처럼 길어지고, 구토처럼 세상을 향하는. 불타는,

나의 망토가 시작되었다.

어항

오랜 식민의 땅처럼 축축합니다 이곳은
모든 계절이 낙인처럼 찍혀 있지요

작고 둥근 어항을 샀습니다 금붕어는
붉은 실에 꿰어 목에 걸었습니다 곧 죽을 것을 알지만

지금은 살아 있으니까요 내 몸속으로 밀어 넣으면
어디쯤 자리 잡을까요 어항을 머리에 쓰고

커졌다 작아지고 작아졌다 커지는
내일이 어제로 어제가 내일로

한밤중 문 두드리는 소리에 잠이 깨곤 합니다

내게 도움을 구하는 소리일까요
날 도우려는 걸까요

비밀은 의심하는 자에게 영원히 풀리지 않고, 이곳을

그만 나가고 싶어질 때면

거실 한복판 낡고 균형이 맞지 않는 나무 탁자를 바라봅니다

어항을 탁자에 두고 영영 떠난 사람을 떠올리며

어디로든 사라질 수 있다는 생각만으로도
살아 있음을 느낍니다 금붕어처럼

붉은 지느러미를 바닥에 드리우고 다시 잠에 빠져들어

푸른 셔츠

 당신의 셔츠가 참 푸르다 생각하며 그 생각에 오래 머물다 보니 입이 마르고 그만 셔츠에 손을 담그고 싶어져

 가본 적 없는 바닷가와 그곳을 떠도는 목소리와
 그 목소리를 등지려는 뒷모습들과

 셔츠의 단추는 금세 날아가 버릴 듯 새하얗고

 당신은 단추를 다 채우는 사람, 자두를 한입 베어 물고도 소매를 걷지 않는 사람, 반듯한 깃 아래가 맑게 차오른 사람, 깃 끝 채워진 아주 작은 단추를 만지작거리는 사람, 구김살 없이 감춰진 셔츠 끝단을 바지 위로 더듬는 사람, 당신은 어젯밤 머리맡에 한 컵 따라 놓은 물처럼

 미지근한 셔츠에 팔을 서둘러 넣고는 푸른 소매에서 아직 빠져나오지 못한 것들을 오래 생각하다 그만 발밑에 컵을 엎지르고 발이 젖어 젖은 발로 구두를 신고 집을 나서면

가본 적 없는 바닷가와 그곳을 누르는 둥근 자갈들과
그 자갈 위를 영원히 뒹구는

내 손아귀에서 자두씨가 말라가고

그 물기에 손바닥이 잠시 푸르러지는

가방들

가는 곳마다 다른 사람의 가방을 들고 나왔다

내가 모르는 슬픔은 슬픔이 아니므로

나는 고기를 썰고 당신과 입을 맞추고 저 햇빛 아래 빈 유모차를 끌고 고기를 씹고 인공 호수에 물고기 밥을 뿌리고

어떤 가방은 끝내 열리지 않아 그런 날이면

철조망을 따라 걸었다 내가 아는 슬픔 또한 슬픔이 아니어서

붉은 손톱자국 부서진 피아노의 건반들 깃털만 가득한 새장 당신이 키우는 식물의 그늘을 지나

어느덧 커튼이 쳐진 거실에 당도하는 것이었다

푸른 수영장 텅 빈 바닥에 버려진 갈색 가방처럼

아무것도 좇지 않고 누구의 손도 마주 잡지 않는 날들이 계속되었다

당신만 아는 슬픔은 슬픔이 아니므로

커튼 너머 저 햇빛 아래 아무도 울고 있지 않았다 믿기지가 않아

나는 로즈메리 이파리를 씹고 검은 개의 목줄을 쥐고 언덕에 오르고 책을 읽고 당신의 두 손을 내 가슴에 가만히 얹고 모두가 떠나고

벽에 기댔다 기대고 나면 누군가를 기다리는 것 같아 누구든 기다리는 자세로

욕조에 물이 넘쳤다

가방들이 바닥과 함께 아래로 가라앉고 있었다

손톱

이 불행은 모두 나의 것

나눌 것이 없어 창을 닫고 나를 찾아

네가 도착한 곳은 늘 정돈되어 있고 조금 눅눅하지
누군가 방금 떠난 병상처럼

얼마 전부터 피부병에 시달리고 있어

감각의 참을 수 없는 논리로

긁으면 살갗이 찢어지고 피가 맺혀 누런 고름이
연대기적으로 완성되려는

고통의 서사에서

손톱이 없었다면
손이 없었다면

태어나지 않았다면

어둠과 흡사해 이제 즐겁다
폭격에 신이 나 함성을 내지르는 아이가 되겠다

시간은 멈춘 적 없어 식탁보를 펼친다 불행을 돌보려

못 견디게 가려워 잠들 수 없는 밤이면
손톱을 물어뜯고

새 손톱이 자라나는 통증으로
낮을 견디는 나를 찾아내

이럴 줄 알았으면 해부학을 공부할 걸 그랬어
농담을 건네는 너

일정한 보폭으로 지치지 않고
지나치는 것들이 있었다

달아난 사슴

   나는 이 장면에서 죽은 적이 있다

   어두운 골목 어두운 바짓단 어두운 열매 어두운 오락 어두운 타자기 어두운 소녀

   이 장면에서 분실된 것을 찾느라 이후
나는 자꾸 태어났다

   추락하는 침대가 언덕을 낳고 창틀에서 무릎이 떨어지고 소년이 담을 넘다 담이 되는 장면에 나는 속하게 되었다

   분실된 것은 더 분실된 채 등장해

   나를 불러 검은 모자를 뺏고 뿔을 주었다 복잡한 모양으로 계속 자라나는

   죽음을 맞이하는 장면들

어두운 좌석 어두운 발치 어두운 속옷 어두운 모래 어두운 노인 어두운 냄비에서

샛노란 것들이 복잡한 모양으로 흘러넘쳤다

빨리 늙어 죽을 수만 있다면 모든 장면으로 한꺼번에 달아나는 사슴처럼

이것은 미러클, 미러클

나만 없는 장면 속으로 물보라를 일으키며 뛰어들었다

사랑의 도그마

심장을 파헤치며 울지
쌍둥이 언니를 잃은 동생처럼

어깨를 움츠려 표정을 숨기지
쌍둥이 동생을 계단 아래로 떠민 언니처럼

그리고 화해하지

얼굴을 마주하고
얼굴을 마주하고 서로의 목을 조르며

결국

같아진 얼굴로
우리는

건조주의보

잘 알던 것들이 빠져나갑니다
모두가 범죄자인 이곳엔 창살은 없습니다
달아나면서 쫓는 훔치면서 뺏기는
나는 어떤 신호 체계에 적응하는 중입니다
열쇠 다음은 나비, 목요일 다음은 모래 언덕입니다
나는 무엇의 다음이지만, 어떤의 다음은 아닙니다
유성이 떨어진다고 합니다
나는 얽은 얼굴을 차마 들지 못하고
기다리고 있습니다 책상에 빗살무늬를 새기며
가장 무거운 물이 고여 탄약이 되길
불가능한 답을 찾아 떠난 자들은
나침반 같은 고개를 가졌습니다
나는 믿음이 희박해진 교리를 거꾸로
베껴 적으며 내가 죽은 다음을 위해 조용히
모래에 불을 붙입니다
시커먼 가지에서 흘러내리는 모래

하드보일드

한쪽 문만 열린 트럭 화물칸을 보면
들어가고 싶었다

죽고 싶다는 친구에게
부패하는 사체의 이미지들을 전송했다

이곳에서는 얼마의 빛이 줄지 않았다 어제의 베개에 어제의 냄새가 가시지 않았고 필요한 건 내일의 칫솔과 돌아올 계절에 신을 구두라 믿으며

가끔씩 갇힌 사람을 떠올렸다
잠긴 화물칸 속

어둠에서 어둠으로 실려 다니는

지하철을 기다렸다 연인들의 대화를 엿들었다 육중한 트렁크를 끌고 가는 자의 뒷모습을 지켜봤다 죽고 싶다는

친구에게서 오랫동안 답이 없었다

이상한 실체와 이상한
믿음의 간격으로

삶은 끊김 없이 계속되었다

물고기자리

지루해서

더 지루해지면 좋겠어요

버려진 거울
뒤집힌 곤충으로서

시간이 흐른다는 표현이 마음에 드나요
빛이 흘러넘친다는 표현은

아무려나

인간이 멸종되길 같이 기다립시다
두 손을 모으면

두 손이 더 있었으면 좋겠어요

시간이 멈출까 봐

시간을 멈추는 놀이를 꾸미며

늙으면 죽어야지 그렇게 내뱉고 나면 죽어서도 늙고 있는 내가 거대한 해변처럼 드러누워 있어요 파도가 끝없이 부서지고 죽었는데도 젖고 춥고 배가 찬 것이 싫어 모래로 자꾸 덮어보려 하지만 모래 알갱이들은 끝없이 흘러내리고 때를 놓친 늦은 점심을 차리고는

밥의 반을 덜어
앞 사람 밥 위에 얹으며

내 몫까지 살아 당부해요

죽음이 처음도 아니라는 듯

덤불

아이야, 넌 전생을 기억하는 것처럼 말하는구나

어젯밤 너의 임무

실측할 수 없는 깊이 속으로 크고 싱싱한 포도알을 끝없이 빠뜨리는

꼬리 잃은 고양이들은
긴 꼬챙이만 보아도

맹목적으로 다가가는 것이다

뒤흔들리는 나무 붉은 회오리바람

고요한 광기 아이야, 넌
네 인생을 이미 다 봐버린 것처럼 말하는구나 닫힌

문과 열린 벽 사이 떨어지려는 구름과 네가 눈을 뗄 수 없

는 강물 그리고

  수면 바로 밑으로 무언가 떠오르길 바라는 염원

  누구에게나 죽은 엄마가 있고
  죽은 엄마로 가득하고

  벽난로에 흔들리는 불꽃은 어떤 의무도 없다

  더러운 맨발로 돌아온 아이야,
  헝클어진 머리칼을 누이고 어서 잠들렴

  이 뜨거운 바닥이 사그라들기 전에

두 번

   같은 말을 두 번 반복해요. 같은 미소를 한 번 지었다가 또다시 짓죠. 나를 이리영이리영이라고 소개합니다. 나는 겹치면서 헤어지지 않고 넓어집니다. 이렇게 두 번 죽을 거예요.

   한 번은 여기 탁자에 엎드려, 또 한 번은 길 건너 산책로 벤치에서. 나는 지금 이 시간을 '지금 이 시간'이라는 글자와 나눕니다. 내가 쓴 글자와 내가 글자를 쓴 시간이 마주하는 것이 좋아요. 두 개가 나란히 있으면 다행이라 여깁니다.

   하나가 사라져도 하나가 남으니깐. 둘 다 사라지면 기쁘니깐. 셋은 지루하니깐.

   죽은 나를 껴안고 싶어요. 모래처럼 버석거리는 것들이 마찰을 일으킵니다. 가운데 절취선을 긋고 둘이 되면 집에 두고 온 내가 창가에 서서 멀어지는 날 향해 손을 흔들지요. 내가 시간을 들여 쓴 글자들은 과거의 일이지만 내일의 내가 읽어요. 그것은 모두 같은 모양의 알갱이, 한 방향을 향해 나란히 열린 창고의 문들, 마을 너머 마을 같은.

감정과 감전, 고요와 소요, 다르지만 다르지 않잖아요.
맑음과 흐림,

이렇게 두 번 구를 거예요.

한 번은 앞으로, 또 한 번은 뒤로, 세 번은 사양할게요.

첫사랑

너는 비누를 삼킨 아이

어제는 깨진 수족관에 주저앉아 울던 아이

살구를 짓이긴 아이

너는 향기로운 음모를 길러
외발자전거의 빛나는 안장에 감추는

나는 너와 같은 음악을 들은 적이 있다 문틈으로

같은 모양의 귀를 잃은 듯
같은 맨홀에 빠진 듯

너는 딱 한 번 날 만졌고

물크러지는 과육의 열기로

너는 창가에 목발을 가지런히 세워 둔다
간절히 두 발로 걷길 소망하는 아이처럼

내가 너에게 돌아가지 않는다면 흘린 피처럼
침대 시트를 붉게 적신다면

우리의 르완다

어제 이룩한 고백에 대해서라면

처진 눈과 곱슬머리가 슬퍼 보여
내 눈동자에 비친 네 모습이 보이도록

잠시 마주 보다 더 걷다 멈춰 서
두 눈동자를 꺼내 네게 주는 시늉을 하고
텅 빈 눈구멍 이게 진짜 눈이라고
우리의 르완다

곧 비가 올 거야 조금 더 걷자 이곳은 열대우림과 멀지 않아
난 늘 정글에 가고 싶었어 후투와 투치

꼭 사이좋은 새 이름 같지

   커다란 칼 마체테를 쥐고 우거진 밀림을 헤쳐 나아가는 종족은 단 한 사람을 죽이듯 한 종족을 살육했다는데 살아남은 아이들은 살육자의 눈을 뽑아 잘근잘근 씹어 먹자고 노래했

다는데

    미움의 미래는 더 쉽게 미워하는 거니까 우리는 같은 이름을 쓰자

    이건 오래전 가지를 떠나 날아가 버린 새 이야기

    여기엔 작은 카페에 들어가 음료를 주문하는 우리의 세상이 있어

    열린 창으로 들어오는 게 깃털인지 연기인지
    우리는 서로의 비밀을 들추지 않고
    무엇도 죽이지 않으려 애쓰고

    오늘의 고백이 이룩하지 않은 것들을 떠올리며
    우리의 르완다

계단과 목도리

당신의 소매는 길고 넓어요 머리를 넣어도 되나요 그곳에서 어깨를 허물어도 되나요 그곳에서 나를 나로 부르지 않아도 되나요 입술을 깨물고

커다란 그릇에 올려진 삶은 감자 두 알
당신과 나는 이렇게 푸석푸석 밤새 굴러다녀요

우리에게는 밤새 계단이 있어요

부서진 작업모와 깊은 주머니에서 뜨겁게 달궈지는 나사들 그리고 어제까지 당신이 읽어주던 어느 노동자의 수기

당신은 가난하지요 발가락이 빠져나오는 양말을 사랑하지요 양말 속에는 생쥐와 지푸라기의 씨가 있는 것 같고 세숫대야에는 차디찬 목욕물이 넘쳐흐르고 우린 서로에게 줄 게 아직 남았어요 군데군데 벗겨진 살갗과

자꾸 길어지는 손가락 더 길어지면 닿을 수 있을까요 더러

워진 손을 겨드랑이에 닦아내요

   당신은 감자를 흘리고 나는 부스러기를 손가락으로 꾹꾹 눌러 줍고 유리구슬들이 양철통에서 쏟아져

   덩굴장미가 죽는 날 우리는 긴 목도리에 서로의 목을 휘감고

   적도의 오후를 보내기로 해요

밤

여기서부터 습지라고 하자

운을 시험하기 위해 무엇까지 해봤니

검은 바다로 걸어 들어간 사람들

물의 기억이 몸집을 부풀린다 검게 더 검게

이 지독한 기시감

사방이 열린 곳에서는 영영 떠날 수 없어서

불운은 불운을 모른다

발부터 사라지는 거대한 몸을

내가 바라보고 있다

기다리는 류에게

기다릴게, 말하면
앵무새가 되고

기다려, 말하면
물어뜯는

류에게서 류가 오면 더는 류가 아닌 것 같아

이런 고백도 괜찮다며 류는 기다릴까?

웃으며 말하는 게 어려워
울며 말하는 것보다

흠뻑 젖어야 빛나니까

길에 떨어진 동전처럼
오직 반짝이는 일에 온통 마음이 뺏겨

이곳에 와서야 도착하고 싶어졌어

눈을 감고 맞추기 게임을 하고 싶고
류에게 보랏빛 입술을 주고 싶고

매일매일이 생길 테니까
매일매일이 죽을 테니까

아주 작은 소리를 내며 연달아 발생하는 기포들

   류에게서 류가 생기고 류가 망치고 류가 배신하고 류가 달아나

   이런 고백도 괜찮다며 류가 가지런한 이를 드러내 웃으면 이 세상에는 아무것도 아닌

   바닥이 드러나고 내 옆에는 끌어당겨 덮을 담요가 생기고 같이 끌려오는 버터 향 가득한 어둠과 어둠의 긴 꼬리가 있어

꼬리에서 꼬리가 돋아나는 무생물의 긴 밤이 아주 천천히 우리 머리 위로 무너져 내려서

  류의 노래에는 류가 없고
  류의 책에는 류가 한가득

  목에 두른 흰 레이스의 구멍들처럼

  류는 자유자재로 류를 빠져나가서는
  돌아갈 곳 없어 류가 되고 마는 그런 돌림 노래로

  기다리는,
  길어지는 류

  먼 훗날 만났던

환생

창가에서 멀리 떨어진 풀숲

오래전에 죽은 너를 내 옆에 반듯이 눕힌다

붉은 머리, 온몸에 퍼져 있던 푸른 핏줄, 검은 점들, 흉터들

죽은 너를 조금 흔들어 기울이면
얕은 숨소리를 내곤 했다

흔들리는 나무 그림자마다 모르는 영혼들로 가득하고

내가 태어나고 있었다

없어서 없어지지 않는 것들 속에서

제2부

피리

이리 온
나는 너희를 사랑한단다

사랑받지 못한 아이들은
다 내게로 온단다
사랑받고 싶은 아이들도

나의 피리가 연주하지 못하는 음악이 없고
너희는 부르지 못하는 노래가 없으니

우리는 아름다우리
피리가 멈추지 않는 한

내 너희를 위해
사랑의 감옥이 되리라

조력자

정확히 함께 사라지는 기분으로
눈을 감았다가

뜨면 눈앞에 늙은 개가 있었으면 좋겠어

더는 늙을 수 없을 정도로 늙은
나를 바라보는 늙은 개

한 호흡 정확히 삼키고 내뱉는다

서로의 숨결로
우리 아직 살아 있구나

아침마다 긴 산책을 하겠지

앞선 늙은 개가 방향을 틀면
아직 닿지 못한 숲길을 우두커니 바라보다
나도 돌아서고

무언가를 남기고 죽는 것이 두려워 살아지는 마음

불쌍히 여기는 마음을
잔돈처럼 주고받으며

늙은 개 옆에 늙은 내가 서서

세상 소음은 너무 많은 기억처럼 소란스럽고

매 순간 쏟아지고 사라지는 햇빛 속에서
마른 강바닥을 바라본다

늙은 개가 마른 혀로 바닥을 핥는다

숲을 향해 걸어가는 나를
누군가 바라보고 있다

한파

한 해 가장 추운 날을 기다린다

얼어붙은 거리를 걸으며
눈이 내릴 때까지 걷자고
너는 말한다

따뜻한 주머니에서 꺼내는 다정한 말
우리가 기다리는 건 눈이 아닌데도

여분의 반창고를 가지고 다니던 아이는
누군가 다칠 때마다 먼저 달려가곤 했지

벌어진 상처를 아스팔트에
짓이기고 싶은 마음도 있는데

바닥에 작은 장갑 한 짝이 떨어져 있다

너는 장갑을 주우며 말한다

아이야, 한 손은 따듯하겠구나

따듯한 한 손으로 충분한 사람과
남은 장갑 한 짝마저 버리는 사람

얼어붙은 손끝은 무엇이 닿아도 아프다

너에게 가장 차가워진 손을 내민다
네가 얼마나 뜨거운 사람인지 알도록

가장 끝으로 가려는 물방울들로
고드름은 날카로워지고

휴양지

이 빛은 태양에서 우리에게 다다른 빛

우리의 휴식이 빛났던 건
그저 이 빛 때문

엎드려 펼친 책에서
한 글자도 읽을 수 없었던 것도

사람들은 물이 되려나 봐

한 사람이 잠기면 멀리서 한 사람이 튀어오른다

타악기 리듬으로
바다가 빛날 때

우리는 잠깐 타악기와 바다를 이해한 것 같다

휴양지는 멀어야지,

바닷물에 젖은 지도를 끝없이 펼치던 네가 어느새

헤엄쳐 다다를 수 있는 최대 거리에서
손을 흔들며 나를 부르고

흰 티셔츠

젊은 마음은 어떤 걸까?

흰 반소매 티셔츠를 꺼내 입고 나란한 두 팔을
내려다보면 뜨거운 철로가 떠올라

숨을 몰아쉬던 습관 오래전 그는 책을 읽고 있었다 둥글고 말랑말랑한 손끝으로 책장을 넘기며 웃지 않았다 책에는 아무 기쁨도 없다는 듯 마음은 원래 텅 비었다는 듯 은밀해진다 그와 내가 머물던 끝에서 끝이 끝을 넘기며 발끝에 힘을 모아 구부려서는

주인공들은 어떻게 됐어?
늙어 죽었겠지

물질 속에 마음 같은 것이 있다 투명한 것에 눈구멍을 오려내고 말을 붙이고 이것을 뒤돌아보는 마음이라며 쓰다듬고 자꾸 뒤돌아보며 뒤처져 걷던 그해 여름 흰 반소매 티셔츠를 입고 후줄근하게

철로를 따라 끝에 가봤잖아
끝을 한없이 만지며 돌아오지 않을 그 마음을 지켜보려고

지하철에 두고 내린 책을 찾겠다고 차량 기지까지 가서 죽은 마음을 나누며 뜨겁게 땀을 흘리고 누가 더 멀어질까 누구든 더 멀어지도록

끝은 끝도 없이 와서는

여름이면 흰 반소매 티셔츠를 꺼내 입고
두 팔을 펼쳐 텅 빈 것을 안는다

다 늙어 죽을 테니까
책장을 넘길 때마다 그렇게 쓰여 있고

부서지는 집

 당신을 만나러 가는 길이었어요. 내게 남은 마지막 외투를 걸치고. 흰 운동화를 신고. 벽돌에서 붉은 가루가 부스스 떨어지던 집으로. 창문마다 죽은 화분을 길러 기둥에 물이 고인. 태양이 잊은 그곳으로.

 새들이 지붕 끝에 제 몸을 꿰고 있겠지요. 어디든 펼치지 않은 책들이 끝도 없이 쌓여 있겠지요. 다 녹아내릴 기세로. 검푸르게 녹슨 육중한 철문. 열쇠가 열쇠 구멍에 물리며 돌아가자마자 사라지는 세상이 있어요. 돌아오지 않는 세상이 있지요.

 끓는점에 도달할 듯 도달할 듯. 모퉁이를 돌 때마다 외투 자락은 퍼지고 마른 비늘이 후드득 떨어져요. 나는 간절히 당신을 생각하고 싶어요. 이 세상에서 가장 잘할 수 있는 일이라는 듯. 기다림이 텅 빌 때까지.

 배수관을 타고 올라온 덩굴손이 마지막 난간을 휘감을 때까지. 당신은 거대한 옷장 안에 있나요. 성년식에 입었던 진홍빛 원피스와 노란 구두를 선물 상자에 담으며. 빛나는 예복이 대신한 어린 죽음을. 온 집안의 불빛이 집요하게 덜어낸 어둠. 태양을 잊고, 한결 가벼워진 그곳에 무중력의 달이 떠오르지요.

　당신의 달은 얼마나 고요한가요. 발을 내디딜 때마다 갈라지는 바닥. 일순 모든 선반이 벽에서 떨어져 나가고. 나는 뒤돌아서요. 눈을 가리고 있던 손수건이 스르르 풀어져요. 나의 시야에서 당신의 집이 점점이 부서지고 있어요. 결코 사라지지 않을

옷장

그녀는 옷장으로 들어가 버렸어

그곳에서 살겠다는 게
그녀의 의지지

하나의 옷걸이에 한 벌의 옷을
정확히 걸어 옷장을 빼곡히 채우는 일은
신성하다 했지

신에게도 옷장 하나쯤은 있을 테고
옷장의 정령도 하나 정돈 있을 테니

그녀의 생각은
그렇게 옷장에서 멈춘 거지

무화과 샐러드를 먹다가
무화과 이파리를 따는 시늉을 하다

한 그루에 매달려 흔들리는 무화과 이파리들

그녀가 들어간 옷장은 완벽해 보였어
처음 드러난 나신처럼

그녀는 주름 하나 없이 옷걸이에 걸려 있을까

누구든 그녀를 꺼내 입는다면
그녀가 되려 한다면

옷장이 열리고

얼룩말 사이에 있습니다

나는 아프지 않아요 가끔 아프고 싶습니다 이러다 죽겠어, 라는 말을 가볍게 나누고 싶어요 그런 사이라면 초록 돗자리를 펼치고 볼을 쓰다듬고 입을 벌려 혀 안쪽에 돋아난 혓바늘도 보여줄 겁니다 기분을 물어도 될까요 얼룩말 사이에 있습니다

가만히 달려볼까요 아플까요

다리가 흔들려서 물감을 쏟아서 낙서한 얼굴에 낡아빠진 오버롤을 입어서 얼음땡 놀이를 시작할까요 술래의 손이 닿기 직전 얼음을 외쳐요 꼼짝없이 땀 흘리는 얼음이 희망 사항입니다 이 젖은 손아귀에 오랫동안 쥐고 있던 기쁨이 있었다고 열에 들떠 말하곤 했어요 시럽이 흘러 온통 끈적거리는 돗자리로 모여들던 얼룩말들 사이에서

아름다운 무늬를 만지며
서서히 달콤한 기분에 빠져들다 보면 어김없이

아픕니다 두 번째 혀가 돋아나고 두 번째 피부에 발진이 퍼지고 세 번째 초원에서 사라진 얼룩말과 죽은 술래들을 목청껏 부르다 맞이하는 저녁, 마차 소리를 따라 이곳까지 왔다고 너무 멀리 와버렸다고, 가벼운 안부를 나누며 서로의 흐린 이마를 검은 줄무늬 손으로 짚어요 뜨거운 입김과 차가운 발바닥을 대보는 그런 사이라면

간병인으로 잠들 겁니다 깨어나면 아픈 기억은 사라지고 혼자더라도 놀이는 끝을 모르고 몇 번을 죽어도 기쁨은 줄지 않아

나는 아프지 않아요
이것은 얼룩말의 말입니다

이곳이 밤이었을 때

넌 무엇을 했니? 밤을 배웅했니? 배웅은 끝이 없어 언덕에 올랐니? 언덕에서 마주친 사람은 너에게 무엇을 주었니? 무엇을 앗아갔니?

이곳이 낮이었을 때

너는 여전히 이곳이었니? 낮을 건넜니? 뜨거운 모래에 발을 담그고? 불에 덴 흉터를 휘장처럼 두른 자들과? 뜨거운 것들을 한데 모아 힘껏 굴려 저 아래 낭떠러지로 떨어뜨렸니? 비가 왔니? 쏟아지는 것들을 온몸으로 받아내며 놀았니? 들개처럼 개활지를 쏘다녔니? 호기심에 주둥이를 댔다가

머리를 내주었니?

보이지 않는 힘에 파도가 멈추고 부서진 바위가 떠오르고 때이른 죽음과 대낮이 서로 멀어질 때

너는 무력했니? 무한했니? 상처에서 솟구치는 것은 무엇이

었니?

　태양 아래 빛나는 거대한 기둥을
　떠받친 수많은 기둥들을 떠받치고 있는 손들을

　지나쳤니? 굶주림에 시달렸니? 굶주린 짐승을 피해 달아났니? 하늘로 곧게 뻗은 나무와 나무 사이를 내달렸니? 모든 갈래로 뻗어 오르는 나뭇가지를 보았니? 끝없이 돋아나는 두툼한 이파리들이 허공을 겹겹이 메운 그곳에 우연히 내리꽂힌 빛줄기에 순간 환한 것이 떠오르고 그것이 너의 얼굴이라면

　너는 믿겠니?

　거기서 멈춰야 한다면

시네마테크

끝나지 않기를
아니, 시작되지 않았다면

나는 어제의 티켓을 쥐고 있다

영사 기사는 창구멍으로
무엇을 엿보고 있나

죽은 빛이 쏟아지기 시작해

검은 뺨 검은 눈물 검은 문을 지나 검은 들판
검어지기 전에는 내 것 같지 않던 것들

쓰러지는 자들에게서 눈을 뗄 수 없다
일어서는 장면을 놓칠까 봐

아름다운 사람들은 아름다움에 갇혀

거대한 장막의 뒤편을 다
메우려 어지럽게

춤을 추지 옷자락마다 자라나던 검은 잎사귀 검은 불길

허상에 지쳐가던
불이 의자에 옮겨붙었다

두 발이 다 타들어 가도록
엔딩을 기다린다

죽은 줄도 모르고

엄마와 열기구

 그건 오래된 흑백 영상이에요. 거대한 열기구에 사람들이 올라타며 손을 흔들지요. 그들은 선택받은 사람처럼 행복에 겨워 보였어요. 조금씩 멀어지며 내가 모르는 차원으로 넘어가면 나는 그들을 잊을 텐데. 나는 탁자에 턱을 괴고 생각했어요. 불행하다면 어떨까. 하루가 끝나고, 내일이면 아무것도 남지 않을까. 그게 무슨 뜻인지도 모르면서. 엄마는 옆에서 오래된 잡지를 뒤적이고 있었어요. 나는 글을 모르니깐 사진들을 훔쳐봤어요. 알 수 없는 사진들뿐이었지요. 엄마는 내가 가장 좋아하는 원피스를 입고 있어요. 바랜 하늘색 바탕에 작은 꽃무늬가 있는. 엄마가 움직일 때면 치마 밑단이 잠시 넓게 퍼지고, 엄마 주변으로 흩어지는 꽃의 잔상을 가지고 놀곤 했던. 부엌에서는 아까부터 국이 끓어 넘치는 소리가 들리고, 천장에서는 작은 짐승들이 우르르 몰려다녀요. 멀어지는 열기구에서 젖은 모래가 떨어져 그때마다 차갑고 졸립고. 덜 닫힌 창에서 훅 끼치는 습한 바람과 이상한 소음. 탁자에 엎드린 내 입에서도 뜨거운 입김이 흘러넘치고, 나는 조금씩 자라나는 것 같지요. 열기구를 좇아가던 카메라가 텅 빈 하늘에서 멈추고, 엄마는 잡지를 보며 한쪽 팔만 뻗어 내 어깨를 토닥이지요. 그리듬은 조금씩 어긋나 타닥타닥, 불꽃이 될 것도 같다가 잠든 내 얼굴로 무언가 불쑥 들어왔는데, 게슴츠레 뜬 눈으로 나는 다 보고 있었는데. 그 늙은 얼굴은 누구였을까요. 엄마가 잡지에서 작은 사진 하나를 오리며 울고 있어요. 나는 이미 잠들었고, 거대한 열기구에 홀로 올라탄 내가 저 아래 엄마를 향해 젖은 모래를 뿌리고 있었는데. 나는 왜 울었을까요. 그때만큼 행복했던 적이 없었는데.

메리고라운드

낡아빠진 오버롤을 입은 아이야,
네 손에 들린 잘 익은 토마토와 딱딱한 바게트 한 쪽

눈을 감으면 모든 것이 사라지는 마법 냉장고에 죽은 고기들이 오래 핏빛을 잃지 않는 이유를 물었지 투명한 물병에 개미들을 수북이 빠뜨리며 풀을 뜯어 먹던 말들이 달아나는 곳으로

길어지는 머리를 풀어헤치고
두려울 게 없다고 속삭이는 해바라기밭으로
반짝이는 펜던트들을 훔쳐

더는 아무것도 들리지 않아 천천히 고개를 젓고
모든 것이 젖어버리는 빗속으로

커다란 눈동자로 펄럭이는 이파리 사이로 높고 낮은 지붕 위로

큰 장화를 신고 개울을 건너는 아이야, 바람에 부풀어 오르

는 주름치마를 따라 아주 멀리, 더 멀리 가면

    태어난 것을 잊을 테니

정지 화면

모빌이 흔들려

적요를 뚫을 수 있는 것은 비극뿐일까

그런 결연함으로
그런 자부심으로

태양을 언덕 너머로 끌어가는 자가 있다
돌아오지 않으려

다시 물이 끓어오르고,

끓는 물속에서 가여운 영혼이 정제된다 믿는 자는
두 손을 끓는 물에 담그지

잘못된 것은 없어

회전문이 제자리에서 돌듯

통과하는 음계들
갱신되는 통증들

들판에 쓰러진 자가 아직 일어서지 않고 있다

빈집

방에 아무도 없는데 밤새 누가 생긴 거 같다

지켜봤을까 눈을 떼지 않고
엄마가 나를 낳을 때처럼 아직 보이지 않는 것을 보려고

엄마가 나간 문으로 아무도 들어오지 않는다

식탁에는 한 끼 식사가 음각되어 있다
창가 죽은 화분에 햇볕이 먼지를 일으키며 쏟아지고 있다

벌어져 더 벌어지지 않는 칫솔로 이를 닦는 일

무용하게 카드를 뒤섞듯
거울 속에 번갈아 나타났다 사라지는 가족의 얼굴

한때 기르던 검은 개를 한참 만에 찾아낸
거실장 서랍은 늘 열려 있다

죽어 있었다 어둠 속에서
눈을 감고 있었기에 아무도 알 수 없었다

보이지 않는 곳에서 서로를 확신해야 한다
집에 몇 개의 문은 닫혀 있고 몇 개의 문은 숨어 있다

나는 나가기 위해 문을 두드린다

어디에서 썩는 냄새가 난다
살아 있었다는 증거다

홈리스

식탁 아래 잠든 소년은
젖은 장화가 마르는 동안
여자가 되는 꿈을 꾸었다

유리컵에 물을 따라
다른 소년에게 건네주려던 사이
컵은 사라지고
물무늬만 어른거려

못 하나 박힌 텅 빈 벽처럼
자라나는 건 너무나 쉽고도 어려워
소년은 두꺼운 책들을 사랑했다

그런 소년을 둘러싸고 푸른 여인들이 노래했다

어느 저녁 녹슨 빗장이 풀려
창문이 열리고

도서관이 보였다 불 켜진
서고 사이 텅 빈
책 수레를 끌고 지나가는 이가 있었다

소년은 눈을 뗄 수 없었다

*

너의 투명한 이마는 정오의 태양 아래 빛나는 비석, 포석이 깔린 이 길을 너는 떠나온 곳만을 바라보며 거꾸로 걷는다, 너는 지금 막 이 광장에 도착하고, 광장 한가운데 첨탑 종을 바라보고, 아무리 기다려도 종은 울리지 않아 눈물을 흘리고, 숨 넘어가게 웃고, 실은 종의 추를 훔쳐 달아난 자들을 알고, 너는 그들의 흩어지는 발자국 소리를 음악으로 간주하고, 다시 떠나온 너의 방 안이다, 사방의 벽이 읽어야 할 책이어서 펼치면, 모든 문장을 읽어낼 수 있고, 모든 문장이 너를 예감한다, 깜짝 놀라 뒤돌아보면, 너의 두 다리가 긴 장화를 신고 모래 언덕을 오르는 중이다, 분명 꿈속인데, 이 놀라운 디테일, 유리컵 속 오래된 날벌레의 날갯짓, 복도에 떨어진 검은 장갑 한 짝이 놓친 온기, 커튼에 말라붙은 눈물 자국, 저 불길한 책들이 스스로 불타오르는 장관, 불붙은 책장들을 한 장씩 넘기는 섬세한 손가락들, 너는 이 모든 것을 이미 읽었기에 덮는다, 그러므로 너는 이국의 짙푸른 호숫가에 앉아 아직 떠오르지 않은 것을 하염없이 기다린다, 수면 아래에서 어둡게 다가오는 것이 그날 너의 방에 파헤친 구덩이처럼 점점 커지는 것을 뚫어지게 본다,

   뒷걸음질 치면 순식간에 암전,
   너의 투명한 이마는 변함없이 구덩이 앞을 지키고,

*

   소년은 노변 벤치에서 깨어났다
   비명에 가까운 악취

   마침내 커다란 나무와 나무가 만든
   견고한 아치 속으로 걸어 들어갔다

소년은 급격히 어두워졌다

길이 하나라 길을 잃었다

난간에 앉은 사람

난 잘 살고 있어

살고 싶지 않은 마음을
소중히 여기며

앞으로 기울어져 걷는 사람도
똑바로 걷는다 믿으며 걷지

마음의 습관도 버릴 수 없는 마음

멀어져가는 파라솔 그림자를
저녁이 되면 파라솔이 걸어가듯

나는 잠에 이끌려 잠들고
잠에서 벗어나려 깨어나지
나의 주인은 잠

기대려다 쓰러지면 잠시 주저앉고

움푹 파인 곳은 누군가 금방 떠난 것 같아
오래 머물며

날 떠난 사람들을 차례차례 헤아리지
그럴 때면

세상에서 가장 기쁜 음악이 내게만 들리는 것처럼

환하게 웃고 싶어
난간에 앉아

세미나실

 계속 살고 있었다. 셀 수 없이 많은 꿈을 꾸었다. 꿈의 시간은 한정 없었다. 테이블에 수북이 쌓인 흰 꽃들. 그는 기다란 꽃대를 골라 비스듬히 잘랐다. 꿈과 꿈 사이가 짧아져 깨어나도 꿈속이라면, 꿈을 다른 무엇으로 불러야 할까? 그는 입구가 넓은 화병에 꽃들을 차례차례 꽂고,

 어두워진 창을 닫고 수조에서 죽은 열대어를 건져 고무나무 화분에 묻었다. 어젯밤 꿈에 그는 너저분한 테이블에 기대 있었다. 금서들, 담배꽁초들이 잔뜩 쌓인 재떨이, 유리병들, 기름통, 구겨진 종이들로 어질러진. 부서진 의자들 사이로 어슴푸레한 빛과 작은 개 한 마리가 떠돌고 있었다. 그는 아주 느리게 고개를 드는 중이었다. 오래전 모두가 떠나버린 세미나실에 남아,

 어떤 관념에 이끌려

 흰 꽃잎이 검게 물든다면. 닫힌 창을 흔드는 바람과 문밖 계단 통로를 가득 메운 적막처럼. 검은 물로 흐른다면. 그는 유

리병에 기름을 붓고 종이 심지를 꽂았던가. 화염병을 정렬하던 손들이 있었다. 그는 흙 묻은 손을 닦고 화분에 물을 주고 오랜 시간 공들여 고무나무의 단단한 잎을 닦았다. 거대한 지느러미가 자라나 그를 부드럽게 감싸는 감각,

 이런 감각은 누가 심어둔 걸까. 자다 죽음을 맞이한 이들처럼 꿈속에서 살고 있는가. 꿈은 관념에 지나지 않는데. 문틈으로 검은 물이 흘러들고 있었다. 두 발이 서서히 잠기고, 거품이 가득한 수면 위로 과거와 과거의 꿈들이 뒤죽박죽 흘러갔다. 그는 돌아서 오래전 죽은 개의 이름을 불렀다. 그럴 때마다 습관적으로 달려오는 감정이 있었다.

 그는 마른 사료를 버리고 새 사료를 담은 먹이통을 들고 망연히 서 있었다. 흰 꽃잎이 한꺼번에 떨어지고 있었다. 끝을 향해. 종이 심지에 불을 붙이지. 불길을 가장 멀리 던지고 싶은 손목이 함께 날아가고 있었다. 테이블을 뒤덮던 꽃잎은 시들고 테이블과 함께 서서히 희미해지고 있었다. 허공에 잠시 떠 있던 빈 화병, 바닥으로 떨어져 산산조각 나고,

오래전 모두가 떠났다는 관념만이
계속 머물고 있었다.

제3부

덩굴기계

이 방을 쓸고 닦느라
손가락들이 다 비틀어졌는데요

더 비틀려 되돌아오는 길을 찾는 중이었는데요

먼지 한 톨 남지 않은 방에는
커다란 기계가 돌아가고 있었어요

기계음은 뼈가 자라는 소리
기계음은 뼈를 자르는 소리

거의 다다른 손가락들이 손바닥을 파고드는데요

무엇도 증명할 수 없었어요
잘린 손가락을 기계 위에 그대로 두고 떠난 사람처럼

이 모든 것이
그저 우연에 불과하다는 것을

가만한 세계

날 옮기지 마
여기가 좋아

여기서 건너편을 바라보는 것이 좋아

불이 나고 불이 옮겨붙고 불이 불타는 건너편

그녀는 돌보기 위해
화분을 옮기고 의자를 옮기고
날 옮기지만

태양이 떠올라도 빛에 대해 침묵하며 이 빛의 밝기를 뿌리처럼 쥐고 흔들리지 않게 되었을 때

위치가 마음에 들었던
꽃병도 출입구도

나도

잿더미 너머 와르르 무너져가는 건너편의 세계가 어떤 축복으로도 재건될 수 없다는

나의 굳센 의지와 오락으로

내 긴 외투 자락 끝에 옮겨붙은 불이 천천히 타오르는 것을 바라보면 좋겠어

검은 원피스

세탁소는 어디 가고
꽃집이 있다

지난 계절 잊었던 원피스를 찾으러 왔는데

유리문은 밀어도 열리지 않고
이미 닫힌 계절이라는 듯

꽃이라도 한 아름 가지고 싶어서

프리지어, 리시안셔스, 카라, 모란, 델피늄, 라넌큘러스……

옷장에서 색색의 옷들을 끄집어낸 적이 있고
그것들을 창밖으로 내던진 적이 있고

유리문을 있는 힘껏 두드리는데

안에서 꽃집 주인이 날 향해 미소 짓고 있다

내 검은 원피스를 입고서

계절은 돌아올 테고,
그때마다 검은 원피스를 벗어둔 채로

아스팔트 바닥에 널브러진 색색의 옷 무더기를
한참이나 내려다본다

곧 죽을 사람처럼

병든 벚나무 가지에
비닐이 씌워진 백색 원피스가 걸려 있다

종말론

죽음에서 돌아온 자처럼
인파 속에서 소리 높여 외치지

종말을 설파하는 자는
매일의 평온을 위해 헌신한다

믿으면 모든 것이 편해질 거야
내가 너를 의심하지 않고

종말은 구원
멸종은 은총

그들은 정말 세상의 종말을 굳게 믿었답니다

끝끝내 종말은 오지 않고
그들을 집어삼킨 절망을 떠올리며

죽음을 모르는 사람에게 죽음을 가르치는 일을

누구에게 맡겨야 할까

매일 공부한다
살아 있는 사람들에 대해

욕조

욕조는 왜 일그러졌어?

버려져 숲이 되어버린 집을 알아?
공중화장실 변장의 귀재,
그 아이 기억해?
박살 난 주크박스 멜로디
초록 선글라스 위에 무화과 잼을 듬뿍 발라
멈추지 않는 회전의자

작은 상자를 열면
거대한 손이 튀어나오는

세상 속 세상

생각을 멈출 수 없어
새 서치라이트 더러운 맨발 죽은 짐승 가죽 재킷 고스트
다음 그다음은

모래사막에 한없이 가까워져

아직 욕조에서 빠져나오지 못하고 있다
한 아이의 바람대로

좀 전까지 불꽃이 피어올랐다

앞바퀴를 한껏 들어 올린 오토바이가 튀어 오르고
운전자는 더 높은 곳으로 달아났다
좀 전까지 경적이 울리고 있었다

우리는 해변을 따라 천천히 걸었다 총을 훔친 자는 누구인가

내가 기억해야 할 것은 대관람차의 궤적과 너의 기울기
발밑 허공은 디딜 만한가

파라솔과 애인을 바꾸거나, 빈 잼 통에 모래를 가득 담거나
소금기 가득한 원피스를 벗어던지고

연주를 시작했다 기타 줄을 다 끊어버리는 스트로크 스트로크

유일한 장기는 착지니까 좀 전까지 우리는
방망이를 높이 쳐들고 날뛰었다
낙차 큰 변화구를 받아칠 타자의 자세

우리는 우리를 시퍼런 바다 한가운데로 정조준했다

불 꺼진 대관람차가 삐걱거렸다
오토바이 낙하지점에서 확실히 깔아뭉개진 건 너의 하반신
목발 짚은 어떤 이가 우리를 지나쳐 바다를 향해 걸어갔다

그는 허리까지 젖어 있었다
좀 전까지 나는 그의 기분을 짐작해 보려 노력했다

총구의 마지막 방향 전환
탕 소리는 언제나 미래형이었다

도끼

어느 날 그가 집에 돌아와 보니 거실 한가운데 도끼 한 자루가 놓여 있었다.

높은 곳에서 떨어진 듯 도끼가 놓인 바닥은 움푹 패여 있었다. 도끼는 즉사한 생명처럼 고통의 흔적 없이 고요했다. 그를 둘러싼 모든 것은 이전과 다름없었지만 추락의 기억을 끊임없이 재생하는 것 같았다. 그날 밤 꿈속에서 그는 도끼로 사람들을 닥치는 대로 찍어 죽였다. 다음날 도끼가 놓인 부서진 바닥에서

풀이 돋아났다. 풀이 에워싸자 도끼는 깊은 잠에 빠진 것 같았다. 그는 날마다 물을 주었다. 풀이 우거져 도끼가 파묻히자 그는 나무 한 그루 자라면 좋겠다고 생각했다. 그때부터 도끼는 빛을 품기 시작했다. 그 빛은 밤낮 번개처럼 번쩍이고는 그의 귀에 흘러들어 흐느꼈다. 울음소리가 점점 더 커져 그의 숨통을 누르자 그는 도끼로 바닥을 닥치는 대로 내려쳤다. 다음날 부서진 바닥 어디에서도

나무는 자라나지 않았다. 아무리 기다려도 소용없었다.

그는 무성해진 풀숲을 헤쳐 적당한 틈에 두 발을 집어넣고 꼿꼿이 섰다. 시간은 물소리를 내며 흘렀다. 그의 피부는 나날이 거친 수피로 변했고 그의 목과 두 팔은 천장을 향해 길어졌다. 어느 날 그의 벌어진 입에서 나무줄기가 뻗어 나오자 도끼는 스르르 일어서 그의 종아리에 박혔다. 다음날 피투성이 나무의 벌어진 상처에서

사라지는 가계

부랑자의 커다란 가방에서 찾아낸 아버지는 마술사 차림이
었어
 운두 높은 검은 모자는 깜짝 놀랄 만큼 명료했지

사라지는 마법은 속임수에 불과하단다
이 아비는 사라지기 위해 널 몇 명을 낳았는지 모르겠구나
아버지는 목줄만 남은 개를 쓰다듬으며 말했어

난 귓바퀴 없이 태어났지 내 배에는
죽은 엄마들이 남긴 딱딱한 배꼽이 세 개 어둠이 찾아와
묵처럼 굳기 전에 네 어미를 찾아와라
내 완수해야 할 일이 있으니

오늘은 같이 축대를 세워요 집 나간 누이와
동생들을 묻어 더 단단하고 축축한
난 머리카락만 남은 누이들을 땋으며 말했지

네 어미만 돌아온다면 우리 셋 피를 몽땅 쏟아부어 축대 위

에 더 깊숙한 방을 꾸며 보자꾸나

  우리 죄는 이토록 투명하니
  죽음의 습관도 바꿀 수 있겠지요

  검은 모자가 작아지나요 아버지가 커지나요
  머리가 부서지고 있어요 느리게 느리게 혈관을 타고 어둠
이 흘러내려

  오늘도 난 나의 탄생을 기원하지

피뢰침

 피뢰침을 집에 두고 온 날이었어요 태어난 것에 큰 의미를 두지 말자던 목소리가 떠올라 발끝이 멀고 흐렸던 날씨였지요 강둑은 멀지 않고

 오래전 음악이 되겠다고 떠난 아버지는 내가 돌아서는 골목마다 낡은 전쟁 사진과 빈 악보를 보내왔어요 그는 바람대로 음악으로의 죽음을 관통하는 중일까요 어디든 투구를 쓴 무리들이 잘 뭉쳐진 먼지처럼 몰려다녀요

 방공호를 뚫는 낙뢰가 수시로 떨어지고 있어요 어떤 분쟁지역에서는 죽은 자들의 눈꺼풀만 뜯어먹는 개들이 살고, 자욱한 포화 속에서 한 발자국도 움직일 수 없어 아이들은 발만 자라나요

 내 손은 작아지고 있어요 거대한 발바닥을 닦아주고 싶지만 할아버지는 자기가 죽창으로 찔러 죽인 빨치산을 죽을 때까지 욕했어요 강둑에 묻힌 할아버지와 할아버지의 할아버지들이 서로를 엄호하며 강바닥에 다다르는

먼 훗날이라는 허구의 시간에도 하늘은 둘로 쪼개지고 비에 한 번도 젖어본 적 없는 사람들이 물의 흔적을 따라 걷겠지요 벼락 맞아 시커메진 나무들이 자꾸 내 등에 뿌리를 내려요

　나는 이제 피뢰침을 그만 믿기로 했어요 이곳은 누구의 귓바퀴인가요 방향도 없이 가장 낮은 곳으로만 흘러드는 강물 속에서 가냘픈 멜로디 하나가 떠올라요 나는 거기에 대고 참았던 숨을 내뱉어요

블라인드

흔들의자에 앉아 흔들릴 때

흔들려
잠에 빠져드는 풍경을 바라볼 때

어디쯤인가
붉은 대문 푸른 바닥 갈라지기 시작하는 벽 떠오르는 숲

고요한 창틀은 빈 적이 없고

펼쳐진 손바닥으로 범람하는 막대한 빛

재난의 구경꾼들처럼 밀집해서

블라인드를 내리려 팔을 멀리 뻗어 올리는가

흘러내린 소매 사이로
반투명해진

노인은 놀랍도록 텅 비어 있다
사람들은 자꾸 바닥에서 벽으로 걸음을 내딛고

유리 포말

빈 유리잔을 오래 들여다본다
한 사람을 바라보듯

한 사람이 이토록 투명하다면
텅 비어 한 방울 한 방울 채울 수 있다면

가득 채워 끝없이 채워
유리잔을 놓친다
놓친 손을 바라보며
유리의 소리를 듣는다

과거와 미래가 조금씩 뒤섞여
차오르는 포말들

어디로든 쓸려갈 수 있는 무게로 빛난다
유리잔을 엎어 둔다

유리잔 안에 그의 일부가 있다

돔

굽은 등을 보면
그곳에 따듯한 물을 붓는
신이 떠오른다
거대한 항아리를 품은 불쌍한 신이
사는 세계에서는
흥건한 등에 몸을 숨기고
한 사람이 완성되기도 한다
물에 잠기는 속도로

일기

혼자 있는 사진을 찍는다
혼자의 얼굴이 쌓이다 보면
여럿 같기도 하다

매일 밤 일기를 쓰다 잠이 든다

아침에 일어나면
어제 쓰다 만 일기를 읽는다
유류품을 확인하듯

어제의 일기는
잘못 배달된 고무나무 화분 이야기
이틀째 방충망을 움켜쥐고 잠든 환한 창밖 박쥐 이야기

일기 속에는 빛도 먼지도 없고
아무도 읽지 않을 글자들은 때때로
모래알처럼 뒤섞이기도 한다

오늘을 시작하기 위해 발끝에 힘을 모은다

미지근한 물을 잔 가득 따라
한 모금 천천히 입에 문다

고무나무 화분은 문밖에서 천천히 시들어가고
박쥐는 아직도 잠들어 있고

누군가 매일 돋아나는 나를 꺾어
투명한 병에 꽂는다

그게 자신의 일이라는 듯

유리창의 세계

그는 아직 도착하지 않았습니다

아무에게도 그의 인상착의를 묻지 않았습니다 나는 그를 모릅니다 하지만

기다려보기로 합니다 기다리는 동안 유리창의 세계는 어떤 자연법칙을 생성하는 중입니다

뜨거운 차를 한 모금 넘기다 툭 발치로 떨어진

그는 양손잡이면서 양손이 없습니다 어쩌면 손이 사라진 곳에서 오는지도 모릅니다

그와 나는 동시에 주저앉은 적이 있는 것도 같습니다

어느 훗날 참았던 울음을 터트리고는 그의 내부로 뚜벅뚜벅 걸어갈 것도 같습니다

새 한 마리가 유리창을 통과해 내게 날아옵니다

순식간에 어깨를 밀치고 등 뒤로 자취를 감추는

찻잔은 서서히 식고 유리창의 세계는 쉬지 않고 그를 제시하고 있습니다

그는 누굽니까 그를 기다리는 나는 어디서 멈춰서야 할지 모르고

아무도 유리창을 깨지 않습니다

빈 찻잔과 양손만을 남긴 채

얼룩

알 수 없는 얼룩이 묻어서 보면
웃고 있는 것 같아

좋은 표정만으로도 좋아질 수 있을까?

버려질 때마다 듣던 말
다 너 때문이야

이 세상에 나밖에 없었던 것처럼

이런 것이 악의라면
나의 튼튼한 갈비뼈를 보여주고 싶어

사라질 수 없어서
굳어진

해설

악몽의 바깥으로

고봉준(문학평론가)

1. 시라는 이름의 망토

이리영의 시집은 '망토' 이야기로 시작된다. '망토'가 등장하는 이야기, 하지만 이것은 망토에 '대한' 이야기가 아니라 망토 그 자체로서의 이야기, 즉 '망토=이야기'처럼 읽힌다. 화자에게 '망토'는 "두려운 등을 감싸기 위해" 필요한 천이다. 그녀에게는 두려운 등을 감추기 위한 '망토'가 있고, 이것으로 인해 타인들은 '나'에 대해 아무것도 알 수가 없다. "아무도 모른다고 했다. 나의 행방, 나의 종교, 나의 식성."이라는 진술은 화자가 '망토'로 자신의 등을 가렸기 때문에 생긴 결과이다. "나의 망토가 시작되었다."라는 마지막 진술은 일종의 수행문이다. 우리가 어느 사이에 '망토'의 세계에 들어섰다는 것, 지금부터 펼쳐질 시집 전체는 '나'를 드러내기 위한 진술, 그러니까 표현론의 언어가 아니라 "두려운 등을 감싸기 위해" 펼친 망토의 언어라는 의미이다. 시인은 자신을 숨기기 위해, 숨기는 방식으로 시를 쓴다. '시=언어'는 그녀가 만든 고유의 피난처이다. 따라서 우리에게 이리영은 불가해한 텍스트로 경험된다.

2. 도래하는/도래하지 않는

> 그는 아직 도착하지 않았습니다
>
> 아무에게도 그의 인상착의를 묻지 않았습니다 나는 그를 모릅니다 하지만
>
> 기다려보기로 합니다 기다리는 동안 유리창의 세계는 어떤 자연법칙을 생성하는 중입니다
> ―「유리창의 세계」부분

이리영의 시는 도래한다. '도래'는 일종의 과잉 사건이다. 그것은 예측할 수 없으며, 예측할 수 없으므로 준비할 수도 없다. 그것은 철학자 데리다가 말했듯이 이름을 붙일 수 없는 타자,

법과 언어의 체계를 흔드는 주체이다. '그'라는 인칭대명사는 이러한 상황에서 화자가 이름 붙일 수 없는 타자를 호명하기 위해 사용할 수 있는 유일한 말이 아닐까. '유리창의 세계'라는 제목에서 알 수 있듯이 화자는 유리창을 마주한 채로 자신이 아는 바가 없는("나는 그를 모릅니다") '그'를 기다리고 있다. 여기에서 시인이 할 수 있는 유일한 행동은 그저 기다리는 것이다. 이 기다림이라는 사건에서 '나'와 '그'의 관계는 비대칭적이다. 언제 올지도 알 수 없는, 심지어 인상착의조차 모르는 '그'를 기다리는 동안 "유리창의 세계는 어떤 자연법칙을 생성"한다. 가령 어느 날 오후 창가에 서서 창밖을 바라보며 누군가/무언가를 하염없이 기다리고 있는 한 인물의 모습을 상상해 보라. 창밖으로는 시간의 흐름이 연출하는 풍경이 무심하게 흐를 것이고, 유리창에는 창문을 마주하고 선 화자의 모습이 투영될 것이다. "유리창의 세계는 쉬지 않고 그를 제시하고 있습니다"라는 진술에서의 '그'가 바로 이 풍경들이다. 그 풍경 속에는 화자의 내면도 존재하리라. 중요한 것은 유리창에 비친 풍경의 현상학 자체가 아니라 이리영에게 시가 도래하는 방식이 정확히 이와 같다는 사실이다. 이리영의 시는 하나의 명시적인 세계를 구축하려는 의지의 산물이 아니라 불현듯 화자를 향해 도래하는 세계의 음화(陰畫), 그 산란하는 언어의 파편들이다. 그녀의 시적 진술들이 대체로 잘려진 상태로 제시되는 이유도 이와 무관하지 않을 것이다. 이리영의 시에서 도착이라는 사건의 주체 자리에는 '그'라는 텅 빈 기표만 놓여 있을 뿐 구체적인 대상으로 채워지진 않는다.

    당신의 서츠가 참 푸르다 생각하며 그 생각에 오래 머물다 보니 입이 마르고 그만 서츠에 손을 담그고 싶어져

    가본 적 없는 바닷가와 그곳을 떠도는 목소리와
그 목소리를 등지려는 뒷모습들과

    서츠의 단추는 금세 날아가 버릴 듯 새하얗고

    당신은 단추를 다 채우는 사람, 자두를 한입 베어 물고도 소매를 걷지 않는 사람, 반듯한 깃 아래가 맑게 차오른 사람, 깃 끝 채워진 아주 작은 단추를 만지작거리는 사람, 구김살 없이 감춰진 서츠 끝단을 바지 위로 더듬는 사람, 당신은 어젯밤 머리맡에 한 컵 따라 놓은 물처럼

    미지근한 서츠에 팔을 서둘러 넣고는 푸른 소매에서 아직 빠져나오지 못한 것들을 오래 생각하다 그만 발밑에 컵을 엎지르고 발이 젖어 젖은 발로 구두를 신고 집을 나서면

    가본 적 없는 바닷가와 그곳을 누르는 둥근 자갈들과

그 자갈 위를 영원히 뒹구는

내 손아귀에서 자두씨가 말라가고

그 물기에 손바닥이 잠시 푸르러지는
— 「푸른 셔츠」 전문

  이리영의 시는 대체로 감각과 이미지의 문법에 의존하여 전개된다. 이것은 그녀의 시편들이 의미의 계기적 연쇄를 따르지 않는다는 의미이기도 하다. 의미의 연쇄와 달리 감각과 이미지의 문법에는 연속성만큼이나 강렬한 비약이 존재하기 마련이다. 심리주의 소설에서의 의식의 흐름처럼 연속성이 존재하지 않는 것은 아니지만 의미의 층위에서 그 연속성을 발견하기는 어렵다. 망토의 언어라는 사실에 감각과 이미지의 문법이 더해짐으로써 이리영의 텍스트는 종종 오리무중, 불가해한 텍스트의 한계지점까지 나아간다. 이러한 특징은 시적 진술을 제시하는 방식에서도 분명하게 드러난다. 한 편의 시가 상당한 수의 연(聯)으로 분절되어 있다는 것, 그 분절 사이에 의미의 연속성이 드러나지 않는다는 사실이 이를 증명한다. 요컨대 이리영의 시에 등장하는 수많은 분절은 그녀의 시적 사고가 감각과 이미지의 층위를 따라 전개됨으로써 발생하는 필연적 산물처럼 보인다.

「푸른 서츠」를 읽어보자. 우리는 이 시를 읽으면서 불현듯 이 시와 '푸른 서츠'의 관계에 대해 다시 생각하게 된다. 이 시는 과연 '푸른 서츠'에 관한 시라고 말할 수 있을까? 1연에서 화자는 "당신의 서츠"를 바라보면서 "참 푸르다 생각"하다가 불현듯 그 푸른 '서츠'에 손을 담그고 싶어진다. 의미의 층위에서 '서츠'라는 명사와 '담그다'라는 동사가 연결되는 경우는 드물다. 하지만 화자는 서츠가 '푸르다'는 생각에 빠진 나머지 그것을 액체로 감각한다. 2연에 "가본 적 없는 바닷가와 그곳을 떠도는 목소리"가 등장하는 이유가 이 때문이다. 다음 순간 화자는 서츠의 새하얀 단추에 시선을 고정한다. 서츠의 단추는 화자를 '단추'에 얽힌 수많은 장면과 '당신'에게로 데려가고, 그 연상의 끝자락에서 '당신'과 '나'는 "어젯밤 머리맡에 한 컵 따라 놓은 물"과 "발밑에 컵을 엎지르고 발이 젖어 젖은 발로 구두를 신고 집을 나서"는 존재로 만난다. 이처럼 이리영의 시는 '당신'이나 '서츠'의 정체가 아니라 '서츠'와 '단추'가 촉발하는 상상/연상의 세계, 끊임없이 미끄러지는 감각과 이미지의 세계로 독자를 데려간다.

> 잘 알던 것들이 빠져나갑니다
> 모두가 범죄자인 이곳엔 창살은 없습니다
> 달아나면서 쫓는 훔치면서 뺏기는
> 나는 어떤 신호 체계에 적응하는 중입니다

열쇠 다음은 나비, 목요일 다음은 모래 언덕입니다
나는 무엇의 다음이지만, 어떤의 다음은 아닙니다
유성이 떨어진다고 합니다
나는 얽은 얼굴을 차마 들지 못하고
기다리고 있습니다 책상에 빗살무늬를 새기며
가장 무거운 물이 고여 탄약이 되길
불가능한 답을 찾아 떠난 자들은
나침반 같은 고개를 가졌습니다
나는 믿음이 희박해진 교리를 거꾸로
베껴 적으며 내가 죽은 다음을 위해 조용히
모래에 불을 붙입니다
시커먼 가지에서 흘러내리는 모래
　　　　　　　　　　　　　—「건조주의보」전문

　건조주의보는 실효 습도 35퍼센트 이하 상태가 지속될 때 발효되는 기상 예보이다. 이 시에서 '건조주의보'가 기상 예보를 뜻하는 것인지는 분명하지 않다. 설령 그것이 기상 예보를 가리킨다 해도 이리영의 시에서 본질적인 것은 현실, 즉 기상 상황이 아니라 그것이 초래하는 내면세계의 변화이다. 따라서 "잘 알던 것들이 빠져나갑니다"라는 건조한 진술을 오직 외부 세계에 관한 것으로 단정할 이유는 없다. "잘 알던 것들"이 빠져나가고 "시커먼 가지에서" 모래가 흘러내리는 세계, 화자는 이 상황을 '건조주의보'라고 명명하고 있는 듯하다. 그렇다면 화자가 빠져나간다고 이야기하는 것의 정체는 무엇일까? '건조주의보'라는 제목에 비추어 짐작하면 '물(수분)'일 가능성이 크다. 2~3행에 등장하는 '범죄자'와 '창살', 그리고 "달아나면서 쫓는 훔치면서 뺏기는"이라는 표현은 모두 '빠져나간다'라는 시어에서 연상된 것으로 보인다. '열쇠'와 '모래 언덕'이라는 시어 역시 마찬가지이다. 화자가 말하는 "어떤 신호 체계"가 바로 이러한 연상의 체계인 듯하다. 이 연상 체계는 확률적으로 닫혀 있지 않다. "어떤의 다음"이 아니라 "무엇의 다음"이라는 진술의 의미가 그것일 듯하다. 영어에서 어떤(Which)은 선택지가 제한적인 경우에, 무엇(what)은 선택지가 무제한적인 경우에 쓰인다. 예를 들면 "열쇠 다음은 나비, 목요일 다음은 모래 언덕"처럼 첫 번째 항(열쇠, 목요일)과 두 번째 항(나비, 모래 언덕) 사이에 개연성이 없을 때는 '무엇(what)'을 쓰는 것이 적절하다. 요컨대 "나는 무엇의 다음이지만, 어떤의 다음은 아닙니다"라는 진술은 선택지가 무제한적이라는 의미로 이해된다.

　이러한 "신호 체계"는 이리영의 시 곳곳에서 확인된다. 「흰 티셔츠」의 화자는 "흰 반소매 티셔츠를 꺼내 입고 나란한 두 팔을/내려다보면"서 "뜨거운 철로"를 떠올린다. 현실 세계를 지배하는 중력 법칙에서와 달리 화자에게 "나란한 두 팔"은 영원히 만날 수 없는 평행선인 '철로'와 연결된다. 「하드보일드」의 상황도 이와 유사하다. 하드보일드(hardboiled)는 감정적 묘사를 배제하고 냉정하고 건조한 시선으로 폭력적이고 부조리한 현실을 다루는 장르나 문체를 의미한다. 이 시의 화자는 "한쪽 문만 열린 트럭 화물칸을 보면/들어가고 싶"은 충동을 느낀다. 이러한 충동이 "죽고 싶다는 친구에게" 전송한 "부패하는 사체의 이미지", 그리고 "잠긴 화물칸 속"에 "갇힌 사람"을 떠올리게 만든다. 그리고 화물칸에 감금된 사람의 이미지는 다음 순간 '지하철'과 누군가가 끌고 가는 "육중한 트렁크"로 연결된다. "한쪽 문만 열린 트럭 화물칸"에서 시작해 "육중한 트렁크"로 이어지는 이 감각적인 연상에도 하드보일드 이미지, 그러니까 "어둠에서 어둠으로 실려 다니는"이라는 표현으로 암시되듯이 일정한 문법이 존재한다. 어쩌면 이러한 연상의 출발점에는 "친구에게서 오랫동안 답이 없었다"라는 사실이 놓여 있었는지도 모른다. 하지만 화자가 이 이미지의 연상을 통해 강조하려는 바는 "삶은 끊김 없이 계속되었다"라는 사실일 것이다.

3. 이곳이 밤이었을 때

밤, 어둠, 습지, 죽음, 슬픔, 불행, 지루함……. 이리영 시에 등장하는 시어와 이미지는 대체로 검은빛으로 물들어 있다.

이 검정은 "검은 뺨 검은 눈물 검은 문을 지나 검은 들판/검어지기 전에는 내 것 같지 않던 것들"(「시네마테크」)처럼 때로는 '빛'이 투사되는 "거대한 장막"의 역할을 하지만, 대개의 경우 '밤', '꿈', '무의식' 등의 타자적 세계와 연결되는 통로로 기능한다. 화자는 이런 세계에서 "오래전 모두가 떠났다는 관념"(「세미나실」)을 짊어지고 살아간다. 이리영의 시에서는 "엄마가 나간 문으로 아무도 들어오지 않는다"(「빈집」), "거대한 열기구에 홀로 올라탄 내가 저 아래 엄마를 향해 젖은 모래를 뿌리고 있었는데."(「엄마와 열기구」), "나의 시야에서 당신의 집이 점점이 부서지고 있어요."(「부서지는 집」), "그녀는 옷장으로 들어가 버렸어"(「옷장」) 등처럼 누군가와 이별하는 장면이 강박적으로 반복된다. 이는 시의 주조(主調)인 검은 이미지가 세계와의 원초적인 불화에서 비롯된 것임을 짐작하게 한다.

이리영의 시에서 세계와의 불화에는 아버지와 어머니의 죽음이라는 상징적인 사건이 위치한다. 그녀의 시에서 아버지는 "부랑자의 커다란 가방에서 찾아낸 아버지"(「사라지는 가계」)나 "오래전 음악이 되겠다고 떠난 아버지"(「피뢰침」)처럼 부재하는 대상으로 등장한다. 어머니 또한 "내 배에는:/죽은 엄마들이 남긴 딱딱한 배꼽이 세 개"(「사라지는 가계」), "누구에게나 죽은 엄마가 있고/죽은 엄마로 가득하고"(「덤불」)처럼 이미-항상 죽은 존재로 제시된다. 「빈집」, 「옷장」, 「부서지는 집」 등에서 확인되듯이 이리영의 시에서는 한 개인에게 실존

적인 장소감을 부여하거나 심리적인 보호장치로 기능하는 가족-공간이 모두 제 역할을 상실한 상태로 그려진다. 이리영의 화자들은 이러한 상황에서 "이 세상에 나밖에 없"(「얼룩」)다고 느끼거나 "나눌 것이 없어 창을 닫고 나를 찾아"(「손톱」) 나선다.

    가는 곳마다 다른 사람의 가방을 들고 나왔다

    내가 모르는 슬픔은 슬픔이 아니므로

    나는 고기를 썰고 당신과 입을 맞추고 저 햇빛 아래 빈 유모차를 끌고 고기를 씹고 인공 호수에 물고기 밥을 뿌리고

    어떤 가방은 끝내 열리지 않아 그런 날이면

    철조망을 따라 걸었다 내가 아는 슬픔 또한 슬픔이 아니어서

    붉은 손톱자국 부서진 피아노의 건반들 깃털만 가득한 새장 당신이 키우는 식물의 그늘을 지나

    어느덧 커튼이 쳐진 거실에 당도하는 것이었다

푸른 수영장 텅 빈 바닥에 버려진 갈색 가방처럼

아무것도 좇지 않고 누구의 손도 마주 잡지 않는 날들이 계속되었다

당신만 아는 슬픔은 슬픔이 아니므로

커튼 너머 저 햇빛 아래 아무도 울고 있지 않았다 믿기지가 않아

나는 로즈메리 이파리를 씹고 검은 개의 목줄을 쥐고 언덕에 오르고 책을 읽고 당신의 두 손을 내 가슴에 가만히 얹고 모두가 떠나고

벽에 기댔다 기대고 나면 누군가를 기다리는 것 같아 누구든 기다리는 자세로

욕조에 물이 넘쳤다

가방들이 바닥과 함께 아래로 가라앉고 있었다
—「가방들」 전문

이 시에서 '가방'은 개인의 고유성에 대한 환칭이다. 세상에는 타인이 결코 이해할 수 없는 저마다의 슬픔이 있듯이 각자의 '가방'도 존재한다. 이 시에는 '가방'에 관한 세 개의 에피소드가 등장한다. 첫 번째 사건은 화자가 "가는 곳마다 다른 사람의 가방을 들고 나왔다"라는 것이다. "다른 사람의 가방"에는 응당 다른 사람의 슬픔, 즉 "내가 모르는 슬픔"이 들어 있을 것이다. 화자는 자신이 이해할 수 없는 타인의 '슬픔'이 '슬픔'이 아니라고 말한다. 왜냐하면 그것은 언어로 지시될 수도 언어를 초월하여 이해될 수도 없는 미지의 영역이기 때문이다. 두 번째 사건은 "어떤 가방은 끝내 열리지 않"는다는 것이다. 열리지 않는 가방은 알 수 없는 슬픔이다. 화자는 "내가 아는 슬픔 또한 슬픔이 아니라"고 진술하고 있는데, 이것은 '알다'라는 지적인 층위와 '슬픔'이라는 층위가 만날 수 없다는 의미로 읽힌다. 세 번째 사건은 "푸른 수영장 텅 빈 바닥에 버려진 갈색 가방"이다. 화자는 '가방처럼'이라는 비유적 화법을 사용하고 있으나 여기서의 핵심은 "아무것도 좇지 않고 누구의 손도 마주 잡지 않는 날들이 계속되었다"라는 표현에서 묻어나는 "당신만 아는 슬픔"의 존재일 것이다. "당신만 아는 슬픔" 역시 당신의 고유한 영역이라는 점에서 '슬픔'으로 인지되기 어렵다. 화자는 개인의 내밀한 '슬픔'을 앞세워 자신의 마음 상태를 드러낸다. 그리고 시의 후반부에서 화자는 이 '슬픔'이 누군가의 떠남과 자신의 기다림과 연결되어 있다는 사실을 암시한다.

　　방에 아무도 없는데 밤새 누가 생긴 거 같다

　　지켜봤을까 눈을 떼지 않고
　　엄마가 나를 낳을 때처럼 아직 보이지 않는 것을 보려고

　　엄마가 나간 문으로 아무도 들어오지 않는다

　　식탁에는 한 끼 식사가 음각되어 있다
　　창가 죽은 화분에 햇볕이 먼지를 일으키며 쏟아지고 있
다

　　벌어져 더 벌어지지 않는 칫솔로 이를 닦는 일

　　무용하게 카드를 뒤섞듯
　　거울 속에 번갈아 나타났다 사라지는 가족의 얼굴

　　한때 기르던 검은 개를 한참 만에 찾아낸
　　거실장 서랍은 늘 열려 있다

　　죽어 있었다 어둠 속에서

눈을 감고 있었기에 아무도 알 수 없었다

보이지 않는 곳에서 서로를 확신해야 한다
집에 몇 개의 문은 닫혀 있고 몇 개의 문은 숨어 있다

나는 나가기 위해 문을 두드린다

어디에서 썩는 냄새가 난다
살아 있었다는 증거다

―「빈집」 전문

  삶에 대한 이리영의 감각은 매우 상징적이다. 바꿔 말하면 그녀의 시는 외부 현실을 재현한 것이 아니어서 축자적인 의미로 해석할 수 없다. 그녀의 시를 읽으면 이것이 삶의 언어로 쓴 죽음의 기록인지, 죽음의 언어로 쓴 삶의 기록인지 모호해지는 순간이 있다. 삶과 죽음이라는 이질적인 사건이 묘하게 얽혀 있기 때문이다. 가령 「어항」의 화자는 "어디로든 사라질 수 있다는 생각만으로도/살아 있음을 느낍니다"라고 진술한다. 「두 번」의 화자는 "죽은 나를 껴안고 싶어요."라고 이야기하고, 「환생」의 화자는 창가에서 흔들리는 나무 그림자를 바라보면서 "내가 태어나고 있었다//없어서 없어지지 않는 것들 속에서"라고 진술한다. 이것만이 아니다. "무언가를 남기고

죽는 것이 두려워 살아지는 마음"(「조력자」)이나 "난 잘 살고 있어//살고 싶지 않은 마음을/소중히 여기며"(「난간에 앉은 사람」)처럼 이리영의 시에서 삶은 이미-항상 죽음에 연루된 방식으로 발화된다. 이러한 시적 표현의 축자적 의미를 정확히 이해하는 것은 불가능하지만, 삶에 대한 이러한 감각에서 삶과 죽음, 또는 환생은 결코 생물학적인 사건이 아니라 상징적인 사건이다. 가령 「환생」의 화자는 "오래전에 죽은 너"를 자신의 옆에 눕히고 "죽은 너를 조금 흔들어 기울"인다. 화자의 이러한 행위는 "흔들리는 나무 그림자마다 모르는 영혼들로 가득"해지는 결과를 초래하는데 바로 그 순간 "내가 태어나고 있었다"라는 생성의 사건이 발생한다. "죽은 너"를 흔드는 행위가 '나'의 탄생과 연루된다는 말은 '너'가 '나'의 탄생의 기원이라는 것, 그리고 이때의 탄생이 생물학적인 의미 이상의 사건이라는 의미일 것이다.

인용 시 「빈집」은 세계에 대한 시인의 감각이 명징하게 드러나는 작품이다. '빈집'이라는 제목처럼 화자는 빈집에 홀로 남겨진 상태이다. "몇 개의 문은 닫혀 있고 몇 개의 문은 숨어 있다"라는 진술에서 알 수 있듯이 화자는 집 바깥의 세계와도 완전히 차단되어 있다. 닫혀 있는 문과 숨어 있는 문은 사실 '문'보다는 '벽'에 가깝다. 집의 내부 상황과 풍경에도 긍정적인 요소가 전혀 없다. '나'가 의지할 수 있는 존재인 '엄마'는 문밖으로 나가버렸고, "가족의 얼굴"은 "무용하게 카드를 뒤섞듯"

이 거울 속에 나타났다가 사라지기를 반복한다. 식탁에는 "한 끼 식사가 음각"되어 있고, 창가에 놓인 죽은 회분에는 "햇볕이 먼지를 일으키며 쏟아지고" 있다. 이런 상황에서 화자가 할 수 있는 행동의 최대치는 "벌어져 더 벌어지지 않는 칫솔로 이를 닦는 일"뿐이다. 화자는 이런 자신의 상황을 "죽어 있었다 어둠 속에서/눈을 감고 있었기에 아무도 알 수 없었다"라고 표현한다. 자크 라캉의 말처럼 인간은 두 번 죽는다. 상징적인 죽음과 생물학적인 죽음이 그것이다. 이리영의 화자들이 말하는 죽음, 가령 "죽어 있었다 어둠 속에서"라는 진술에서의 죽음은 상징적인 죽음을 의미한다. 화자는 이러한 죽음을 강제하는 집에서 "나가기 위해 문을 두드린다". 이리영에게 시는 이처럼 언어를 이용하여 문을 두드리는 행위인지도 모른다.

시인동네 시인선 258

기다리는 류에게

ⓒ 이리영

초판 1쇄 인쇄	2025년 8월 13일
초판 1쇄 발행	2025년 8월 20일
지은이	이리영
펴낸이	김석봉
디자인	헤이존
펴낸곳	문학의전당
출판등록	제448-251002012000043호
주소	충북 단양군 적성면 도곡파랑로 178
전화	043-421-1977
전자우편	sbpoem@naver.com

ISBN 979-11-5896-704-8 03810

*이 책의 판권은 지은이와 문학의전당에 있습니다.
*양측의 서면 동의 없는 무단 전재 및 복제를 금합니다.
*잘못 만들어진 책은 바꿔드립니다.